LITTLE LIBRARY

First 200 Words in
French

Alliance Française

Compiled by Alliance Française de Londres
Illustrated by Katy Sleight

Kingfisher Books

NEW YORK

Contents

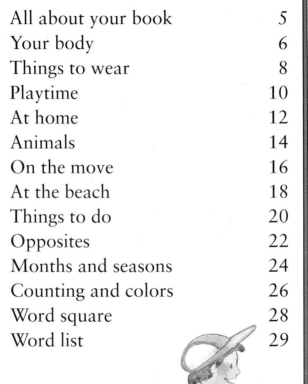

All about your book

Your Little Library picture dictionary will help you learn your first 200 words in French.

The French words are printed in heavy type (**le chat**) and appear with the English word beside a picture of the word. You will see that most of the French words have a small word before them, meaning "the" (**le, la, l'**, or **les**). When you learn these words, don't forget to learn the word for "the," too.

If you hear people speaking French, you will notice that many of the sounds they use are quite different from the ones we use in English. So ask a parent or teacher, or best of all a French-speaking person, how to say the words correctly.

You can test some of the words you have learned by doing the word square puzzle at the end of the dictionary.

Your body

girl
la petite fille

leg
la jambe

boy
le garçon

head
la tête

hair
les cheveux

arm
le bras

ear
l'oreille

eye
l'œil

nose
le nez

finger
le doigt

teeth
les dents

mouth
la bouche

tongue
la langue

hand
la main

foot
le pied

Things to wear

T-shirt
le tee-shirt

jeans
le blue-jean

shoes
les chaussures

dress
la robe

raincoat
l'imperméable

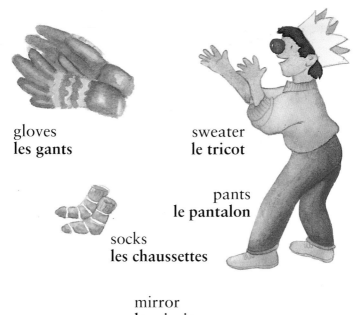

gloves
les gants

sweater
le tricot

pants
le pantalon

socks
les chaussettes

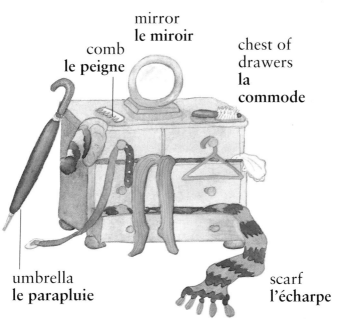

mirror
le miroir

comb
le peigne

chest of
drawers
**la
commode**

umbrella
le parapluie

scarf
l'écharpe

Playtime

book
le livre

train set
le train électrique

teddy bear
l'ours en peluche

spinning top
la toupie

slide
le toboggan

roller skates
les patins à roulettes

jump rope
la corde à sauter

puppet
la marionnette

paints
la peinture

pencils
les crayons

At home

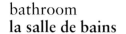

bathroom
la salle de bains

toilet
les toilettes

kitchen
la cuisine

door
la porte

sink
l'évier

chair
la chaise

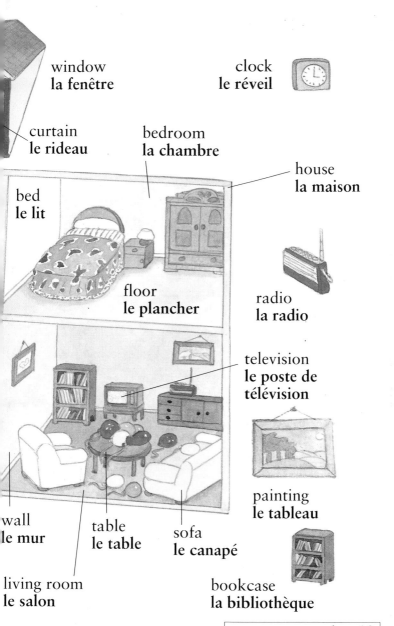

window
la fenêtre

clock
le réveil

curtain
le rideau

bedroom
la chambre

house
la maison

bed
le lit

floor
le plancher

radio
la radio

television
**le poste de
télévision**

painting
le tableau

wall
le mur

table
le table

sofa
le canapé

living room
le salon

bookcase
la bibliothèque

Animals

butterfly
le papillon

bird
l'oiseau

spider
l'araignée

dog
le chien

bee
l'abeille

tiger
le tigre

elephant
l'éléphant

fish
le poisson

wolf
le loup

mouse
la souris

horse
le cheval

cat
le chat

monkey
le singe

sheep
le mouton

lion
le lion

lioness
la lionne

On the move

airplane
l'avion

bicycle
la bicyclette

bus
l'autobus

truck
le camion

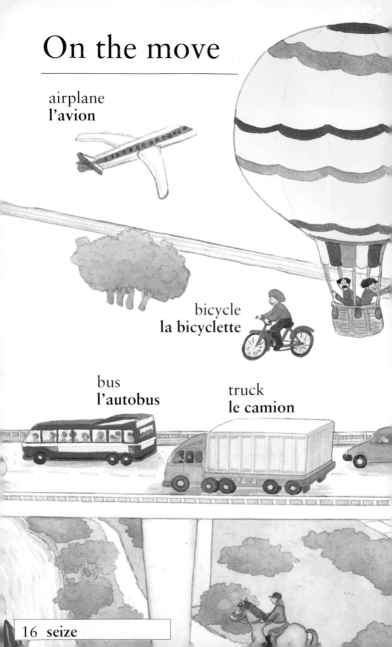

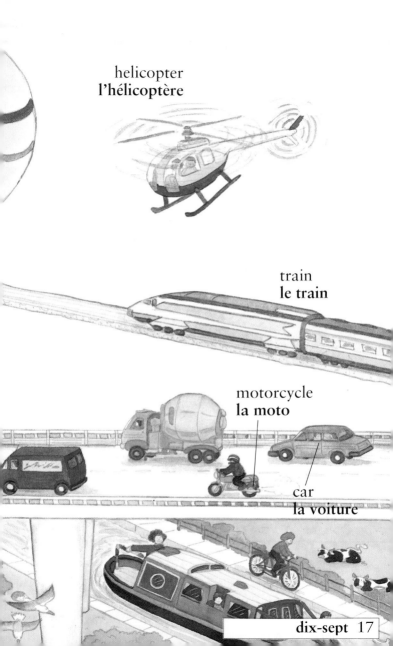

helicopter
l'hélicoptère

train
le train

motorcycle
la moto

car
la voiture

At the beach

ship
le bateau

motorboat
la vedette

wave
la vague

shovel
la pelle

pail
le seau

shell
le coquillage

sea
la mer

lighthouse
le phare

rock
le rocher

sand castle
**le château
de sable**

seaweed
les algues

sand
le sable

beach
la plage

ice cream
la glace

dix-neuf 19

Things to do

open
ouvrir

write
écrire

read
lire

father
le père

hold
tenir

pull
tirer

carry
porter

cry
pleurer

run
courir

listen
écouter

children
les enfants

smile
sourire

drink
boire

jump
sauter

eat
manger

sleep
dormir

mother
la mère

come
venir

go
aller

Opposites

full
plein

empty
vide

on the left
à gauche

on the right
à droite

warm
chaud

in front of
devant

cold
froid

behind
derrière

long
long

dry
sec

wet
humide

short
court

old
vieux

new
neuf

big
grand

open
ouvert

shut
fermé

little
petit

clean
propre

dirty
sale

slow
lent

fast
rapide

easy
facile

difficult
difficile

2+2 =

Months and seasons

January
janvier

February
février

March
mars

April
avril

May
mai

June
juin

spring
le printemps

sun
le soleil

summer
l'été

July
juillet

August
août

September
septembre

October
octobre

November
novembre

December
décembre

fall/autumn
l'automne

winter
l'hiver

rain
la pluie

snow
la neige

Counting and colors

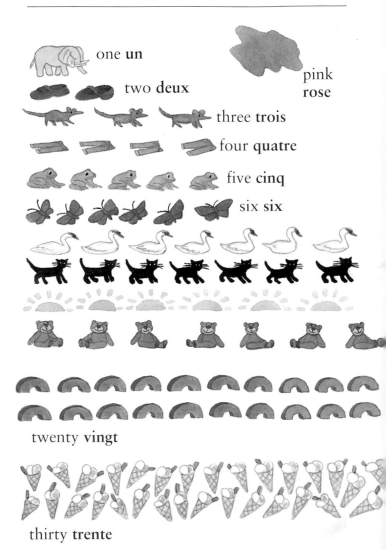

one **un**

two **deux**

three **trois**

four **quatre**

five **cinq**

six **six**

pink
rose

twenty **vingt**

thirty **trente**

blue
bleu

black
noir

brown
marron

purple
violet

green
vert

yellow
jaune

red
rouge

seven **sept**

 eight **huit**

nine **neuf**

  ten **dix**

forty **quarante**

fifty
cinquante

Word square

Can you find the six French words hidden in this square? The pictures will help you guess the words.

t	ê	t	e	p	w	c
z	w	l	i	r	e	h
f	g	q	b	o	o	a
v	l	w	m	u	l	i
i	a	z	u	g	r	s
c	c	h	i	e	n	e
u	e	t	q	v	w	x

Word list

airplane l'avion
April avril
arm le bras
August août

bathroom la salle de bains
beach la plage
bed le lit
bedroom la chambre
bee l'abeille
behind derrière
bicycle la bicyclette
big grand
bird l'oiseau
black noir
blue bleu
book le livre
bookcase la bibliothèque
boy le garçon
brown marron
bus l'autobus
butterfly le papillon

car la voiture
carry porter
cat le chat
chair la chaise
chest of drawers la commode
children les enfants
clean propre
clock le réveil
cold froid
comb le peigne
come venir
cry pleurer
curtain le rideau

December décembre
difficult difficile
dirty sale
dog le chien
door la porte
dress la robe
drink boire
dry sec

ear l'oreille
easy facile

eat manger
eight huit
elephant l'éléphant
empty vide
eye l'œil

fall l'automne
fast rapide
father le père
February février
fifty cinquante
finger le doigt
fish le poisson
five cinq
floor le plancher
foot le pied
forty quarante
four quatre
full plein

girl la petite fille
gloves les gants
go aller
green vert

hair les cheveux
hand la main
head la tête
helicopter l'hélicoptère
hold tenir
horse le cheval
house la maison

ice cream la glace
in front of devant

January janvier
jeans le blue-jean
July juillet
jump sauter
jump rope la corde à sauter
June juin

kitchen la cuisine

(on the) left à gauche
leg la jambe
lighthouse le phare
lion le lion
lioness la lionne

listen écouter	shell le coquillage
little petit	ship le bateau
living room le salon	shoes les chaussures
long long	short court
	shut fermé
March mars	sink l'évier
May mai	six six
mirror le miroir	sleep dormir
monkey le singe	slide le toboggan
mother la mère	slow lent
motorcycle la moto	smile sourire
motorboat la vedette	snow la neige
mouse la souris	socks les chaussettes
mouth la bouche	sofa le canapé
	spade la pelle
new neuf	spider l'araignée
nine neuf	spinning top la toupie
nose le nez	spring le printemps
November novembre	summer l'été
	sun le soleil
October octobre	sweater le tricot
old vieux	
one un	table la table
open ouvert	teddy bear l'ours en peluche
(to) open ouvrir	teeth les dents
	television le poste de télévision
pail le seau	ten dix
painting le tableau	thirty trente
paints la peinture	three trois
pencils les crayons	tiger le tigre
pink rose	toilet les toilettes
pull tirer	tongue la langue
puppet la marionnette	train le train
purple violet	train set le train électrique
	trousers le pantalon
radio la radio	T-shirt le tee-shirt
rain la pluie	twenty vingt
raincoat l'imperméable	two deux
read lire	
red rouge	umbrella le parapluie
(on the) right à droite	
rock le rocher	wall le mur
roller skates les patins à roulettes	warm chaud
run courir	wave la vague
sand le sable	wet humide
sand castle le château de sable	window la fenêtre
scarf l'écharpe	winter l'hiver
sea la mer	wolf le loup
seaweed les algues	write écrire
September septembre	
seven sept	yellow jaune
sheep le mouton	